John Thompson:
Curso Moderno
Para El Piano

EL LIBRO del PRIMER GRADO PARTE II

(traducído por
MONSERRATE DELIZ)

THE Willis Music Co.
Florence, Kentucky
41022-0548

INDICE
"Algo Nuevo en Cada Lección"

PREFACIO

He aquí un libro de Primer Grado. Llegar aprisa caminando despacio parece ser su lema. Muchos de los malos hábitos que entrampan a los estudiantes de grados superiores se deben en su mayor parte al principio defectuoso que recibieron. Y para corregir estos hábitos, actitudes y errores se hace necesario una tarea penosa y una gran inversión de tiempo y dinero con el agravante de que aún así, en muchos casos resulta inútil. "Arbol que crece torcido jamás su tronco endereza." Este viejo aforismo es igualmente aplicable as dominio muscular, a la técnica, al compás, al concepto musical, a los hábitos de pensamiento y a la ejecución.

DEMONSTRACIONES

Indudablemente, la mayor parte de los errores se deben menos a la negligencia del profesor que al afán desmedido de VER AL ALUMNO PROGRESAR CON RAPIDEZ. A veces la deficiencia estriba en el material inadecuado que se emplea en el adiestrámiento. Muchos libros primarios están escritos tan académicamente que parecen destinados a niños prodigios, de los que hay muy pocos. No toman en consideración que aún estos mismos niños prodigios, se beneficiarian mucho más con un método aue afirmara los fundamentos. La preparación sólida en los fundamentos es indispensable para cultivar una conciencia musical. Y si aquélla no se adquire en los principios, más tarde habrá que adquirirla a costa de un enorme sacrificio de tiempo y energía.

Vale más el alumno que domina a fondo todos los principios a medida que se van encontrando en el estudio y que presenta sus piececitas nítidas, correctas y a la velocidad apropiada que otro que alardea de ejecutar, aunque sea a tropezones, una composición de mayores alcances.

ESTE ES UN LIBRO DE PRIMER GRADO

Este es un libro de Primer Grado escrito todo para usar la posición de cinco dedos; no obstante, ejemplos de mayor extensión se encuentran hacia el final. Es para cualquier alumno de edad promedio que haya hecho algún trabajo preparatorio de piano en un texto adecuado.

OBJECTIVOS

Este libro establece el basamento CONCRETO, CORRECTO Y COMPLETO que habilita al alumno a pensar y a sentir musicalmente. Es muy posible enseñar a los discípulos del primer grado a tocar con comprensión musical. Aunque las melodías sean sencillas y los patrones pianísticos sean modestos, se debe impresionar al discípulo con la idea de que estas formas son como bloques que al juntarse, forman los más grandes edificios. Si aprenden a reconocer y a interpretar estos fragmentos con sensibilidad e inteligencia afrontarán luego las formas más complejas de composición con perfecta naturalidad. No quedarán perplejos ante el trenzamiento de muchos fragmentos para formar un grandioso conjunto.

IMPORTANCIA DE LOS PATRONES

Con esto en mente, el autor hace hincapié sobre los patrones; los patrones melódicos, armónicos, ritmicos y digitales.

Cualquier alumno elemental que aprenda a reconocer los patrones es mejor lector, mejor memorizador, mejor intérprete y, a través del conocimiento de los patrones digitales, mejor pianista que el niño que laboriosamente aprende su composición nota por nota. La lectura de la música nota a nota no sólo es anticuada sino que tiende a aminorar el interés y a retardar el progreso del alumno. Para mantener el interés de sus discípulos no les permita caer en este hábito.

LA POSICION DE CINCO DEDOS

Casi todos los ejemplos en este libro se limitan a la posición de cinco dedos. De este modo los patrones digitales facilitan la transportación y dan al alumno oportunidad para desarrollar por experiencia propia una conciencia digital en los grupos de cinco dedos antes de aventurarse a una más complicada digitación. El grupo de cinco dedos es la base para la digitación de escalas y arpegios que siguen más adelante. Las escalas y los arpegios son, por supuesto, el fundamento de toda la técnica del piano. Por lo tanto, el adiestramiento del grupo de cinco dedos es algo que no debe cubrirse superficialmente.

VARIACIONES DE LOS GRUPOS DE CINCO DEDOS

A medida que los alumnos se familiarizan con varias de las posiciones de cinco dedos (Do mayor, Fa mayor, Sol mayor, etc.) este libro los lleva gradualmente a ejercicios que combinan más de un grupo de cinco dedos en una misma lección. En otras palabras aprenden que no es más difícil cambiar de una posición a otra dentro de la misma pieza que hacerlo en dos piezas distintas. Se enseña también a los alumnos a reconocer grupos de cinco dedos con extensión, esto es, con una nota adicional en cada extremo del grupo.

Estas extensiones sencillas pueden tocarse sin cambiar las manos de posición. Tales extensiones también hacen posible el enriquecimiento del contenido melódico y armónico de los breves ejercicios que ordinariamente se hacen monótonos cuando se conservan estrictamente dentro del límite de cinco notas a través de todo un libro.

COMO ATACAR EL TECLADO

Siendo el piano un instrumento mecánico compuesto de teclas, cuerdas, martillos y otros materiales mundanos, nuestros pensamientos y emociones han de hallar expressión en su ía mecánica al impacto físico de nuestros dedos sobre medios materiales. Si no se adquiere la pulsación ajustada, el piano no responderá a las emociones del intérprete. En miniatura el Principiante debe poner en acción las mismas fórmulas de atacar el teclado que emplean los grandes técnicos.

Decídase a que ahora mismo sus discípulos comiencen a recibir el beneficio de tal adiestramiento. La lectura cuidadosa de este libro le hará sentir la enfatización de las siguientes pulsaciones: Legato, Fraseo, Staccato de muñeca, Legato de antebrazo y Staccato. Si se aplican debidamente y con esmero, el principiante tocará las piececitas con precisión, **expresión** y comprensión musical. Cuando termine el libro, el alumno estará listo y ávido para el próximo paso en la escalera de la música: el SEGUNDO GRADO. El niño se ha hecho al piano como a un instrumento musical y no como a una mera máquina de escribir.

John Thompson

Toca este número como si "martillaras" con la muñeca teniendo cuidado que ésta rebote con facilidad.

25. PAJARO CARPINTERO

Toc, toc, toc, toc, toc Pajaro, pájarito, incansable carpintero; ¡Cómo yo me cansaría haciendo esos aguijeros!

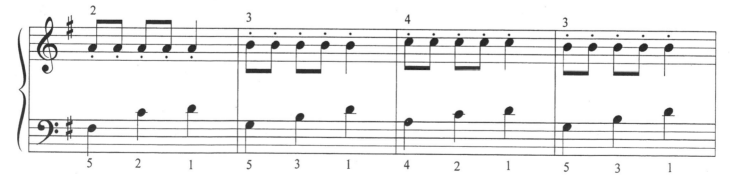

A los Maestros: Para mayor desarrollo del PICADO vea "Los Estudios HANON" por John Thompson, página 10.

Antes de empezar esta pieza practica el patrón ARMONICO de la mano Izquierda:

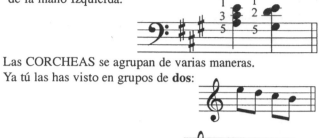

Las CORCHEAS se agrupan de varias maneras.
Ya tú las has visto en grupos de **dos**:

También se escriben así:

Posición de la Mano Izquierda con extensión.

26. EL CABALLERO Y LA DAMA

La bella dama con el clavel va
cabalgando en blanco corcel.
¡y va tan triste!
Un caballero al verla pasar

lástima siente al verla llorar y
ofrece ayuda.
¡Ah, qué ventura!
Ambos sonrí, juntos se van.

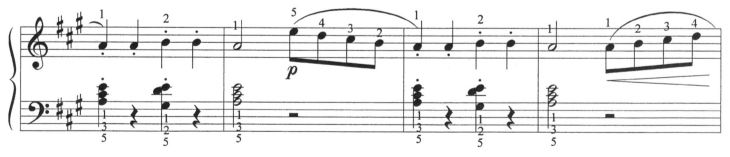

Negras Puntadas

Ustedes han tocado ya BLANCAS PUNTADAS y saben que el PUNTILLO aumenta a la nota que lo lleva la mitad de su valor. Así, si una NEGRA vale UN tiempo, una negra puntada vale UN TIEMPO y MEDIO, o sea, un tiempo completo y lat mitad del que le sigue.

La introducción de la negra puntada agrega un nuevo PATRON RITMICO a los ya aprendidos.

NUEVA POSICION DE LA MANO

Practique cada mano separada

Si recitas la palabra SINCOPA sentirás el efecto de la negra puntada. Practícala varias veces y también la NUEVA POSICION DE LA MANO antes de tocar esta pieza.

Sin - Co - Pa, Sin - Co - Pa, Sin - Co - Pa

27. "TEMA" de MOZART

M.M. ♩ = 138

El niño Mozart

Mozart fué el niño más musical que ha existido. Nació en Salzburgo, un pueblecito de Austria, el 27 de enero de 1756.

A la edad de cuatro años recibió de su padre las primeras lecciones de música; a los seis compuso un minuel; y siendo aún muy niño tocó en la corte de Francisco I y María Teresa de Austria.

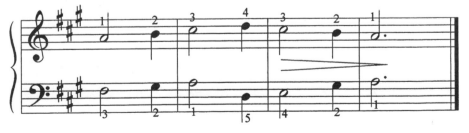

44

Posición de la Mano
(Extensión en la Mano Izquierda)

28. VALSECITO

Moderato M.M. ♩ = 60 - 108

Esta pieza sigue casi exactamente el patrón rítmico usado por BRAHMS en uno de tus más famosos valses.

Un NOCTURNO es una composición lírica que refleja la paz de la noche. Este nocturno está en el tono de Si bemol mayor. Toque el acompañamiento con mano liviana para que resalte el canto de la mano derecha que es lo principal. La segunda y cuarta líneas deben ser muy bien fraseadas.

29. EL MUCARO
(Nocturno)

46

COMPAS DE SEIS POR OCHO

En el compás de seis por ocho hay SEIS tiempos en un compás y una corchea para cada tiempo. Hay DOS acentos en cada compás, el primario en el PRIMER tiempo y el secundario en el CUARTO tiempo.
Una negra puntada, por supuesto, vale TRES tiempos en el compás de seis por ocho.

A los Maestros: Una vez que los alümnos puedan tocar estas lecciones de seis por ocho a la velocidad debida deben aprenderlas contando a dos tiempos por compás.

30. ¡VIVA EL CAMPEADOR!

EL RITMO del RELOJ DE CUCU empieza en el SEXTO tiempo. Por lo tanto, siempre tenga cuidado de contar así:

seis UNO, dos, tres, Cuarto, cinco, seis, etc.

No pase por alto las frases de DOS NOTAS de la mano derecha, usando el movimiento CAE RUEDA (Fraseo).

Posición de la mano - Tono de Fa mayor

31. EL RELOJ DE CUCU

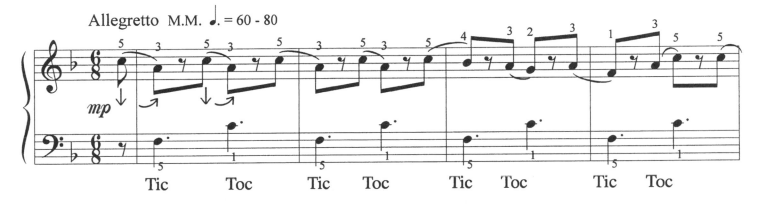

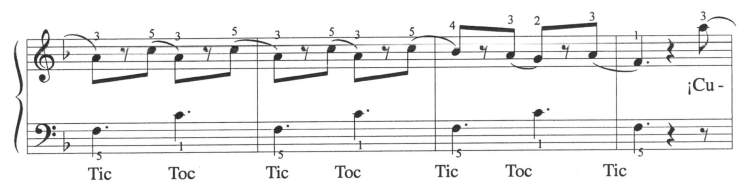

Posición de la mano-
Tono de Sol mayor

32. EL RATONCITO CANTOR

Soy un ratón distinguido, canto hasta un
Do sostenido; Me escuchan con
admiración los niños en el gran salón.

M.M. ♩. = 60 - 80

POSICION DE LA MANO
(Extensión en la mano izquierda)

33. EL BIZCOCHO

Me acoge el niño con alborozo y alegre grita:
"Ya soy feliz." Soy el bizcocho de cumpleaños,
prendan las velas que hay sobre mí.

D.S. (Dal Segno) al Fine significa volver al principio y tocar hasta Fine.

TOCANDO EN DOS POSICIONES

En esta pieza tocarás en DOS "POSICIONES DE LA MANO."
Practica primero las posiciones llevando la mano de la una a la otra y vice versa hasta hacerlo con facilidad. Entonces podrás tocar EL VENDEDOR DE CRISPE.
OBSERVA que hay muchas notas con PICADO y que al tocarlas la muñeca debe rebotar.

Primera Posición

Segunda Posición

34. EL MANICERO

DOS "POSICIONES DE LA MANO"

Esta pieza requiere dos "POSICIONES DE LA MANO" según se demuestra aquí. Practique cada diseño con cuidado.

ACENTUE cada nota que lleva este signo.

Primera Posición

Segunda Posición

35. EL TIOVIVO

Monto un Canguro gigante y doy vueltas siempre adelante. En Canguro, en Caballo o León, el tiovivo es la gran diversión.

8220

SÍNCOPA

Aquí tienes una pieza de programa con ambiente español. Lo determina el RÍTMO que es diferente al de las otras que has tenido.

EL UNIR O LIGAR la SEGUNDA mitad del primer tiempo con la PRIMERA mitad del segundo tiempo resulta en un efecto RÍTMICO que denominamos SINCOPA. Este efecto se destaca bien con sólo acentuar ligeramente las notas marcadas.

AI APRENDER ESTA PIEZA procede así:

1. Estudia los PATRONES ARMÓNICOS

2. Practícalos en esta forma:

3. Familiarízate con el patrón RÍTMICO de la mano derecha que prácticamente es el mismo en cada compás. Haz hincapié en las notas marcadas.

El alumno deberá palmotear y patear el ritmo antes de tocar. Guíate de los signos de expresión. Toca con ritmo marcado y cortante. Aprénde tela para el próximo programa.

36. FIESTA ESPAÑOLA

Con castañuelas bailan mozos y señoritas; Todo es alborozo en las fiestas de Sevilla.

M.M. ♩ = 66 - 132

A los Maestros: Para mayor práctica de ritmos consulte "Los Estudios HANON" por John Thompson, página 22.

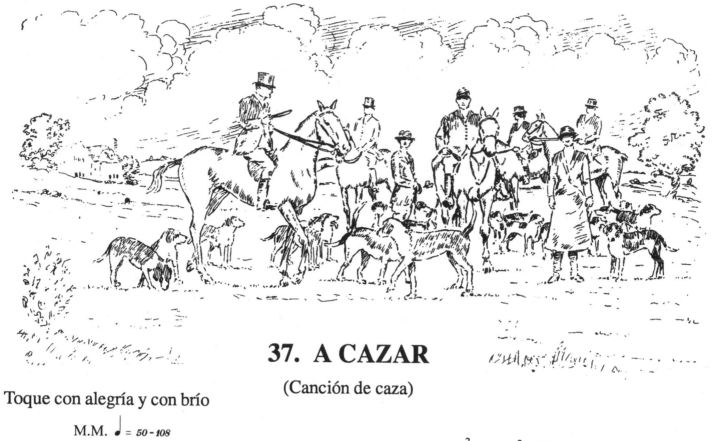

37. A CAZAR

(Canción de caza)

Toque con alegría y con brío

I-re-mos a ca-zar i-re-mos a ca-zar, I-

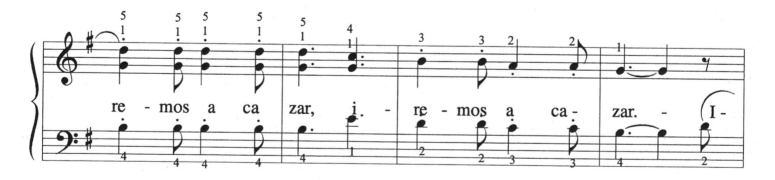

re-mos a ca-zar, i-re-mos a ca-zar. — I-

re-mos a ca-zar, i-re-mos a ca-zar, — I-

re - mos a ca - zar, i dre - mos a ca - zar. - Ta-

ta - ra, Ta - ta - ra, Ta - ta - ra. I - re - mos a ca - zar. - Ta-

(Echo)

ta - ra, Ta - ta - ra, Ta - ta - ra. I - re - mos a ca - zar. -

DOS "POSICIONES DE LA MANO"

En la mano derecha esta pieza requiere dos posiciones distintas. Aprende a tocar esta vieja canción con sentimiento y harás una valiosa adquisición para tu repertorio.

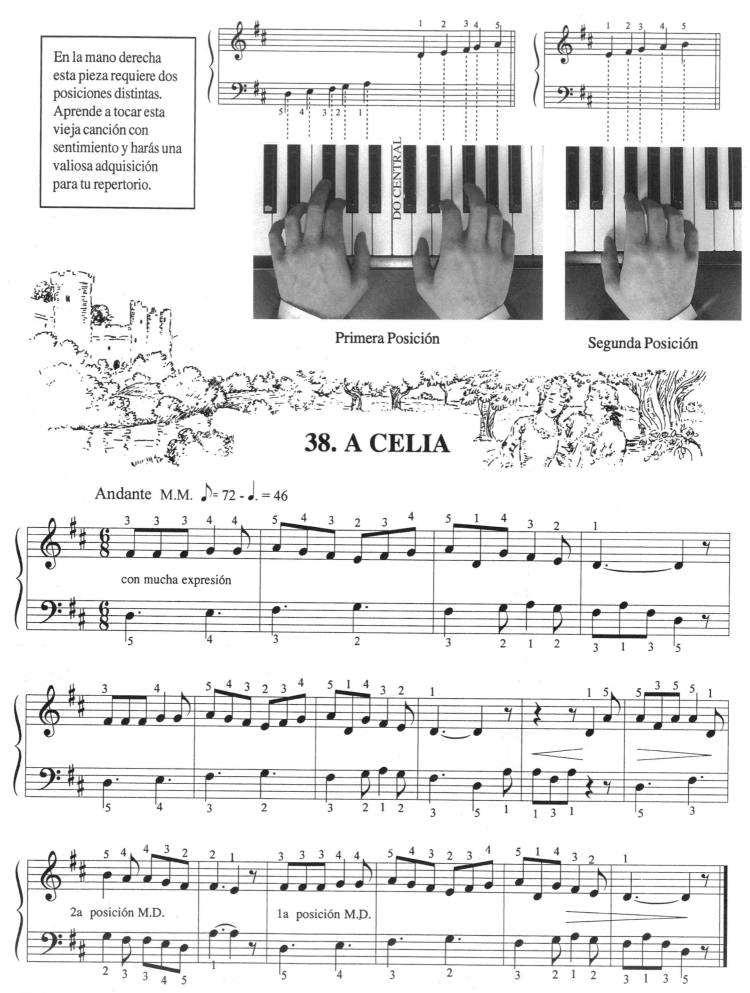

Primera Posición

Segunda Posición

38. A CELIA

Andante M.M. ♪= 72 - ♩.= 46

con mucha expresión

2a posición M.D.

1a posición M.D.

EXAMEN No. 3

1. ¿Qué significa este signo? ⌒ ....

2. ¿Qué es SÍNCOPA?

3. ¿Cuánto tiempo extra se da a la NOTA PUNTADA?

4. ¿Qué debe resaltar en las FORMAS BAILABLES?

Clasificación del examen ORAL *anterior*

5. Toque las siguientes ESCALAS nombrando la ARMADURA DE LA CLAVE en cada caso.

	Nota
LA mayor	....
MI bemol mayor	....
MI mayor	....
LA bemol mayor	....
Promedio por las ESCALAS	....

6. Toque las siguientes TRIADAS en posición FUNDAMENTAL, la PRIMERA INVERSION y la SEGUNDA INVERSION nombrando cada una.

	Nota
LA mayor	....
MI bemol mayor	....
MI mayor	....
LA bemol mayor	....
Promedio por las TRIADAS	....

PROMEDIO
del examen No. 3

Certificado de Mérito

Se certifica que

....

ha aprobado
EXAMEN No. 3
del
Libro de Primer Grado
Curso Moderno de Piano
John Thompson

....
Maestro

Sello

Fecha ....

58

POSICION DE MANOS CRUZADAS
Cruce de la mano derecha

Segunda posición
Las "Ranas Viejas"

Primera posición Las
"Ranas Jóvenes"

Antes de proceder a tocar esta pieza coloque sus manos en la
posición de Sol mayor (primera posición arriba) y pase su mano
derecha a la segunda posición. Practíque la hasta hacerlo con
naturalidad.

39. EL CORO DE RANAS

Mirad las ranas, jugando
están, y mientras juegan
suelen cantar.

Las pequeñitas con fina voz,
y las más viejas grave son.

Interminable es la canción.
¡Cantan las ranas! ¡Cantan al sol!

Suplemento de piezas sueltas

LOS GEMELOS HOLANDESES (Dutch Twins) por Willa Ward en el tono de Do mayor es una
pieza de recital extraordinariamente apropiada para adiestrarse en interpretación. También desarrolla el
cruce de manos.

8220

EL PICADO

Al tocar esta pieza
deje la muñeca flexible
y trate de hacer el
PICADO lo más
cortante que pueda.

40. EL TRINEO

Tilín, tilín, tilín, ... El trineo
se desliza por la nieve. Va ligero, va deprisa.

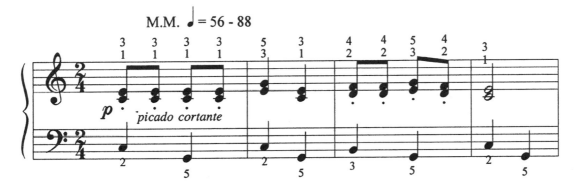

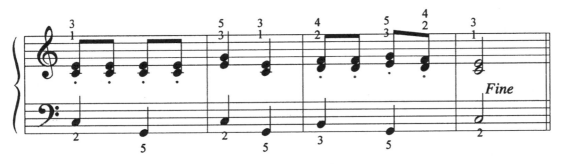

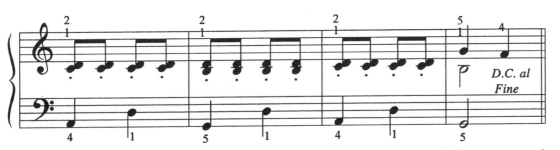

A los alumnos interesados en armonía aplicada este ejemplo les proporciona una magnífica oportunidad. Busque y subraye todas las segundas y trace un círculo en todas las terceras.

8220

Tono de Mi
bemol mayor
Armadura Si♭
Mi♭ La♭

Nueva Posición de la Mano

41. LA PASTORCITA

Su oveja perdío la niña y está
muy desconsolada. ¿Dónde estará la ovejita
que abandonó
la manada?

Andante moderato M.M. ♩ = 66 - ♩. = 50

Suplemento de Piezas sueltas
ZAPATERO, ZAPATERO, (COBBLER, COBBLER), una novedad muy graciosa y atractiva en el tono de Sol mayor por Louise Christine Rebe.

EL ATAQUE DE ANTEBRAZO

El ataque de ANTEBRAZO se usa para tocar los acordes grandes. Forme los acordes con la mano descansando suavemente los debos sobre la superficie de las teclas. Entonces haga presión hacia delante desde el codo (dejando la muñeca floja) y el efecto será un tono sonoro prolongado y cantable.

POSICION DE LA MANO

(Note la Extensión en la mano derecha)

COMO ESTUDIAR ESTA PIEZA

Primero: Aprenda los, patrones ARM ONICOS. Hay sólo CUATRO ACORDES: por todo.

Después que pueda hacer los cambios con facilidad estudie de esta manera.

42. CAMPANAS VESPERTINAS

Dicen las campanas cuando muere el sol: "Paz, amor y paz a mi alrededor."

Andante M.M. ♩ = 60 - 96

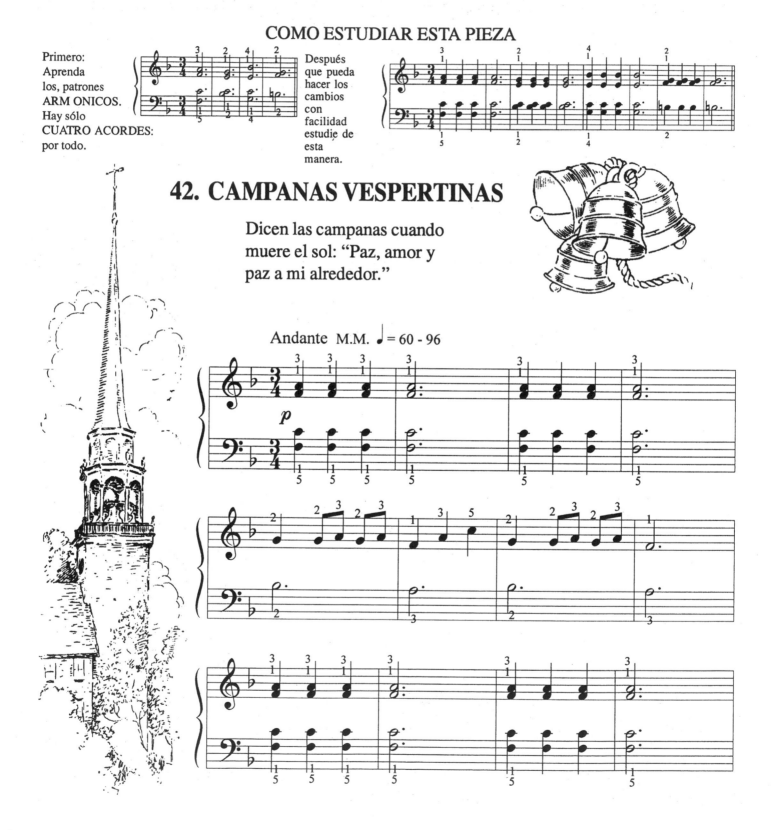

A los Maestros: Para más amplio desarrollo del ATAQUE DE ANTEBRAZO, vea "Los Estudios HANON" por John Thompson, página 14.

64

Nueva Posicion De La Mano

Tono de Mi mayor
Fa# Do#
Sol# Re#

En "BAILE ALDEANO" la mano izquierda imita el zumbido de los violones que con frecuencia se usaban al tocar los bailes en la plaza de las aldeas.

43. BAILE ALDEANO

Al coronar la reina de mayo hay fiesta alegre en la pradera. Danzan los mozos, suena la gaita, llegó riente la primavera.

Ritmicamente M.M. ♩ = 72 - 120

8220

DOS "POSICIONES DE LA MANO"

(Nótese la Extensión en la mano izquierda)

Después de familiarizarse con el cambio de posición de la mano, estudie los patrones ARMÓNICOS.

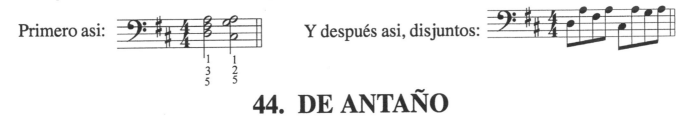

44. DE ANTAÑO

Thomas H. Bayly

A los Maestros: "Los ESTUDIOS HANON" por John Thompson proporcionan muchos ejemplos útiles de LIGADO y PICADO.

TRES "POSICIONES DE LA MANO"

Este tradicional villancico requiere tres posiciones de la mano separadas para la mano derecha y una sola posición mara la mano izquierda. Practica primero los cambios en las tres posiciones para facilitar la lectura.

45. NOCHE DE PAZ

Andante M.M. ♩ = 104

Franz Grüber

TRES "POSICIONES DE LA MANO" - Para ambas manos

Practica primero los Patrones de las Escalas así:

Practica ahora los Patrones de los Acordes así:

46. RETOZO DE TECLAS

Acorde y Escala hicieron un pacto para divetir a los niños vagos.

He aquí la pieza que crearon ambos. Tócala y dime: ¿Estés fastidiado?

Allegro M.M. ♩ = 120

Trata de aprender esta pieza descriptiva tan bien que, al tocarla, tus amigos puedan
disfrutar de la ilusión del tren.

ADVERTENCIA: Fíjate bien en los signos de expresión.

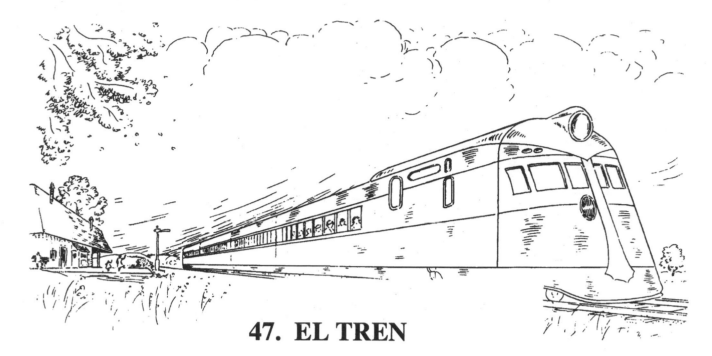

47. EL TREN

f Suena el pito   *f* y vuelve a sonar

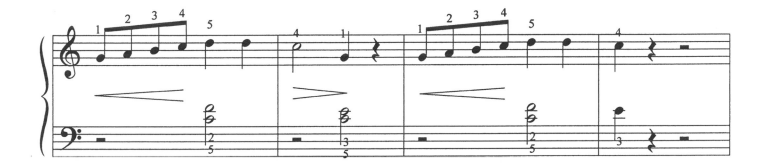

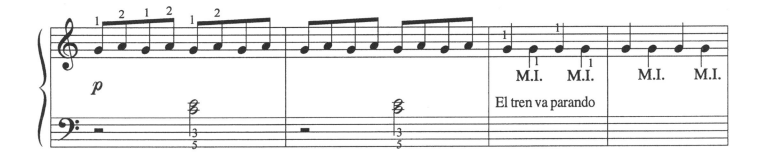

p   M.I.   M.I.   M.I.   M.I.

El tren va parando

M.D.

pp   M.I.   M.I.

Llego a su destino   *ppp*

Nueva posición de la mano

Tono de
La♭ mayor
Armadura
Si♭ Mi♭
La♭ Re♭

48. EL RASCACIELOS

Oye, gigante de piedra, que te elevas
hasta el cielo, ¿No me ves tan chiquitito
mirándote desde el suelo?

Andante M.M. ♩. = 60

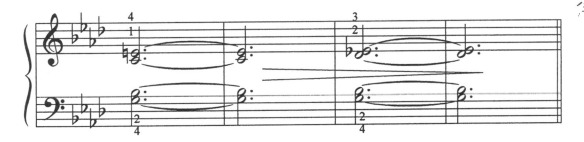

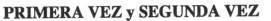

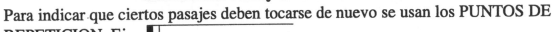

PRIMERA VEZ y SEGUNDA VEZ

Para indicar que ciertos pasajes deben tocarse de nuevo se usan los PUNTOS DE REPETICION. Ej.

Estos PUNTOS DE REPETICION aparecen en AMBOS EXTREMOS de la sección que se repite.

Así   Así

Y después de repetir el pasaje NO toque PRIMERA VEZ sino salte a SEGUNDA VEZ.

DOS "POSICIONES DE LA MANO" Para ambas manos

49. FIESTA EN DUBLÍN

Teniendo traje y calzado fino iría a la
fiesta que hay en Dublín, mas nada
tengo y nada pido; cuidando cerdos me
quedo aquí. Y mientras tanto, cantaré
alegre, a mi manera yo soy feliz.

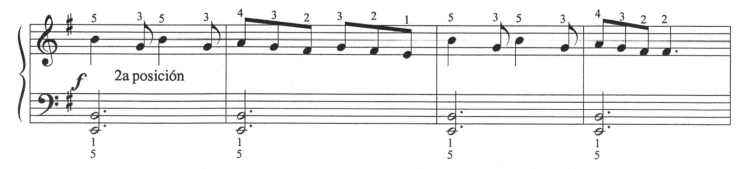

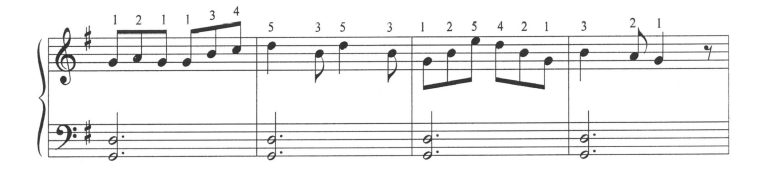

Suplemento de piezas sueltas
EL FANTASMA, (THE BOGEY MAN) un capricho rítmico en Do mayor, compás de 6/8
por Louis Long, se presta al adiestramiento del PICADO y del FRASEO.

SEMICORCHEAS

EL VALOR de la SEMICORCHEA es la MITAD de la CORCHEA. DOS semicorcheas enquivalen a una CORCHEA y CUATRO semicorcheas a una NEGRA

En esta revoltosa piececita tus manos rebasarán la posición de los CINCO DEDOS, pero si tienes cuidado los PATRONES DIGITALES-1, 2, 3, - 3, 2, 1 de ayudarán a tocarla con facilidad.

50. JUAN PÉLON

Scotch Folk Song

EXAMEN NO. 4

1. ¿Qué es un NOCTURNO?

2. Explique el RITMO de 6/8.

3. ¿Qué significa D.C. al Fine?

4. ¿Cuánto vale una SEMICORCHEA?
   Clasificación del examen ORAL anterior . . .

5. Toque las ESCALAS siguientes recitando cada vez la ARMADURA de la CLAVE.

	Nota
SI mayor	....
FA sostenido mayor	....
RE bemol mayor	....
SOL bemol mayor	....
Promedio por las ESCALAS	....

6. Toque las TRIADAS siguientes en posición FUNDAMENTAL, la INVERSION y 2a
   INVERSION nombrando cada una.

	Nota
SI mayor	....
FA sostenido mayor	....
RE bemol mayor	....
SOL bemol mayor	....
Promedio por las TRIADAS	....

PROMEDIO

del examen No. 4

Certificado de Mérito

Se certifica que

....

ha aprobado
EXAMEN No. 4
del
Libro de Primer Grado
Curso Moderno de Piano
John Thompson

....
Maestro

Sello

Fecha ....

EJERCICIOS DE PRACTICA

A los Maestros: He aqui un apéndice de dieciseis ejercicios técnicos para el desarrollo de dedos, brazos y muñecas, con algunos ejemplos de frases de dos y de tres notas. Son para usarse mientras se estudia este libro. Su asignación es opcional al maestro quien se regirá, naturalmente, por la capacidad del alumno.

Al usarse, deben enseñarse por imitación. Esto es, el maestro los ilustrará tocando muy despacio de manera que el alumno pueda captar los patrones digitales y rítmicos y, al mismo tiempo, los pueda trasportar a cualquier tono. Estos ejercicios también facilitarán grandemente el dominio del teclado si se usan a diario. Primero practique cada mano separada - luego ambas manos juntas a la distancia de una octava.

8220

Frases de Tres Notas

Cae-Une-Rueda

La Escala Mayor Dividida Entre Ambas Manos

Ejercicio de Legato

La Escala Mayor con Cadencia de Acordes

Acordes Disjuntos

Acordes Disjuntos con Inversiones

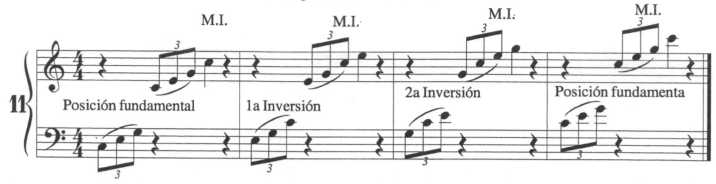

11

Posición fundamental   1a Inversión   2a Inversión   Posición fundamenta

Acordes Disjuntos y Figuras Diatónicas Combinadas

12

Patrones Digitales Ascendentes

13

Ataque del Antebrazo

14

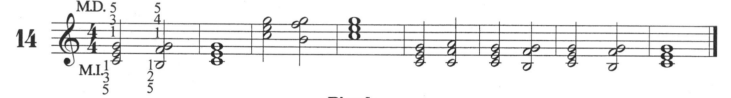

Picado

15

Acordes Disjuntos - Toque de Cornetas

16

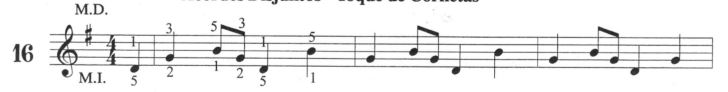